Helm Stierlin

Oh, dass sie ewig grünen bliebe ...!

Ein systemisches Paar-Brevier in Versen und Bildern für anhaltendes Glück

Carl-Auer-Systeme im Internet: **www.carl-auer.de**
Bitte fordern Sie unser Gesamtverzeichnis an!

Carl-Auer-Systeme Verlag
Weberstr. 2
69120 Heidelberg

Umschlaggestaltung: WSP Design, Heidelberg
Umschlagzeichnung: Helm Stierlin
Satz: Beate Ch. Ulrich
Printed in Germany
Druck und Bindung: Freiburger Graphische Betriebe

Erste Auflage, 2002
ISBN 3-89670-274-2

Die Deutsche Bibliothek – CIP-Einheitsaufnahme

Ein Titelsatz für diese Publikation ist bei
Der Deutschen Bibliothek erhältlich.

Einführung

In den frühen 80er Jahren entstand mein Paarbrevier *Ob sich das Herz zum Herzen findet,* das inzwischen vom Carl-Auer-Systeme Verlag neu verlegt wurde. Darin bemühte ich mich fröhliche Wissenschaft zu betreiben: In Versen und lustigen Zeichnungen versuchte ich einem größeren Publikum einige Probleme heutiger Paarbeziehungen nahezubringen, die sich mir als einem systemisch arbeitenden Paar- und Familientherapeuten zeigten.

Inzwischen hat sich manches verändert: Die Forschung und Literatur zu Paarbeziehungen schwoll weiter an. Als Therapeut sah ich weiter hunderte von Klientinnen und Klienten, die mich wegen ihrer Paarprobleme aufsuchten. Und dies waren nun auch zunehmend ältere Jahrgänge, bei denen es zumeist weniger um die Frage ging, „ob sich das Herz zum Herzen findet", als um die Frage, ob und wie sich das Herz an ein anderes Herz bindet. Oder anders gesagt: Es ging um die Frage, was heutige Paare über längere Zeit zusammenhält und wie dabei für alle Beteiligten die persönliche Entwicklung und die Befriedigung wichtiger Bedürfnisse ermöglicht oder verhindert werden. Wobei nicht zuletzt auch die Tatsache eine Rolle spielte, dass ich, der gerade sein 75. Lebensjahr vollendete, inzwischen selbst als Partner in einer langjährigen Paar- und Familienbeziehung weitere Erfahrungen sammeln konnte.

So entstand der Plan zu diesem Paarbrevier II, dem ich ebenfalls ein Zitat aus Schillers Lied von der Glokke als Motto voranstelle. Denn Schillers Flehen „Oh, dass sie ewig grünen bliebe, die schöne Zeit der jungen Liebe!“ zeigt sich uns heute nun einmal in etwas anderem Licht als noch zu seiner Zeit. Denn einerseits lässt sich nicht zuletzt den uns umbrandenden Medien entnehmen, die romantische Liebe könne immer wieder grünen. Andererseits lässt sich keinesfalls mehr davon ausgehen, dass der Mann sich ins feindliche Leben stürzt, während die Frau sich züchtig um Kinder und Haushalt kümmert. Vielmehr gehört es zum Selbstbild der meisten modernen Frauen, dass auch sie sich in das – wenn es auch sein muss: feindliche – Berufsleben stürzen. Und auch das hat dann wieder Folgen für die Liebe sowohl in als auch außerhalb der Ehe.

Innerhalb der angedeuteten Problematik verfolge ich vor allem einen Strang, auf den ich aufmerksam wurde, als ich vor etlichen Jahren beim Sichten neuerer Forschungsliteratur auf die Ergebnisse einer Umfrage stieß, die etwa 5000 länger verheiratete Paare erfasste. Denn diese – für die deutsche Bundesrepublik offenbar repräsentative – Umfrage ergab, dass solche Paare im Durchschnitt täglich nicht mehr als fünf Minuten auf eine Kommunikation verwendeten, die man als gegenseitig vitalisierend oder nun auch als existenziell bedeutsam bezeichnen könnte. Sie schloss also Wortwechsel wie: „Jetzt schalte mal die Glotze ab“ oder „Jetzt lass uns mal überlegen, was wir heute zu Mittag essen“ aus.

Wie bei *Ob sich das Herz zum Herzen findet* ging es mir auch diesmal darum, eine oft ernste Sache möglichst leichtfüßig zu Worte kommen zu lassen oder, wenn man so will, aus Tragödien Komödien zu machen entsprechend dem Diktum „Verum gaudium res severa“ (das wahre Vergnügen ist eine ernste Sache).

Helm Stierlin
Heidelberg, Januar 2002

Anton und die Antonine
Sind auf der zweiten Lebensschiene,
Das heißt, sie sind so vierziglich
Haben schon manches hinter sich
Konnten auch ihre Elternpflichten
Bislang befriedigend entrichten
Sodass nun auch dem Zukunftsblick
Sich öffnet neues Partnerglück.

Noch ein Schritt und sie stürzen ab!

Doch Vorsicht: Grad in solchen Jahren
Drohen diverse Sturzgefahren
Die nun, obzwar nicht leicht zu fassen
Sich doch wie folgt erhellen lassen:

Vergleich der Lebenserwartungen

Da ist als Faktum mal gegeben
Dass heutge Menschen länger leben
Als es noch einstens Jahr für Jahr
Für Menschenkinder üblich war.
Doch mit dem Mehr an Lebensspannen
Gibt's auch ein Mehr an Partnerpannen
Und dies in postmodernen Zeiten
Worin sich mehrn die Möglichkeiten
Den Partner lauthals zu verfluchen
Und neues Partnerglück zu suchen.

Und dies obschon im Zeitverlauf
Gelegenheiten gab's zuhauf
Das Krisenmanagement zu üben
Und sich, derart geübt, zu lieben.

Scheller drehn!
LIEBESRAD

Doch ach, was man so Liebe nennt
Ist keineswegs so evident
Dass grad im Partnerschaftsgebaren
Ihr Wesen könnt sich offenbaren.

Denn Liebe ist – man weiß es schon –
Zunächst mal Sache der Passion
Die uns, was immer auch geschieht
Hals über Kopf zum Partner zieht
Wobei meist Sexualität
Das Liebesrad nach vorne dreht.

Doch wenn man nun die Jahre zählt
Die's Partner beieinander hält
Dann zeigt sich hier ein Tatbestand
Den mancher schon betrüblich fand:
Ein Tatbestand, den akkurat
Auch Forschung untermauert hat.

Denn was hier Forscherweisheit lehrt
Hat schon manch Partnerherz beschwert:
Dass nämlich heiße Liebeslust
Sich abkühlt bis zum Liebesfrust
Hat man erst, ohne hinzuschauen
Den Partner fest in seinen Klauen.

Nichts Neues unter der Sonne!

Da mit dem Seiner-sicher-Sein
Sich alsbald stellt Gewöhnung ein
Gewöhnung an den Speiserest
Den sie bei Tisch stets liegen lässt
Gewöhnung an sein müdes Nuscheln
Wenn sie so gerne würde kuscheln
Gewöhnung auch an die Krawatten
Die einst ihr Herz entflammet hatten
Gewöhnung auch an den BH
Den er so lustbeglückt einst sah.

Das Monster Langeweile

Gewöhnung aber, die mit List
Sich in das Partnerleben frisst
Zieht hinter sich an einem Seile
Das schwarze Monster Langeweile
Ein Monster, das nun Stück für Stück
Verdünnt der Partner Liebesglück
Bis dieses dann, weil unbelichtet
Im Dunst der Sehnsucht sich verflüchtet.

Doch wie bringt man so was ins Lot?
Ja, was ist hier das Antidot?
Wie lässt das Monster sich besiegen
Die Langeweile sich bekriegen?

Etwa, indem man täglich hastet
Sich mit diversem Kram belastet?
Sodass, dem Partner ganz entrückt
Die Langeweile nicht mehr zwickt?
Und man, vom Alltagsstress geschlaucht
Des Abends nur die Glotze braucht
Um sich, befreit von allem Hetzen
Auch ohne Partner zu ergetzen?
Wobei man, weil's nun mal so ist
Nebst Partner auch den Sex vergisst
Und wenn man sich doch mal betätigt
Diesen mit mattem Flügelschlag erledigt?

Doch bietet sich für Frau und Mann
Da wahrlich keine Lösung an?

Das Monster Langeweile
sitzt auf der Glotze

Nun, ehe wir hier resignieren
Lässt sich was andres ausprobieren
Wobei alsdann die Glocken läuten
Für Sex- und andre Therapeuten
Denn diese sind, wie wir ja wissen
Der Seele kundig und beflissen,
Selbst ausgedörrte Liebeswiesen
Mit frischen Wässern zu begießen.

Halleluja!

Doch Vorsicht, Vorsicht liebe Leute
Beäugt die Therapeutenmeute!
Ja, wer litt hier noch nicht die Qual
Leidiger Therapeutenwahl?
Denn, in der Tat, man muss sich quälen
Will man den Richtigen erwählen.
Aus Angeboten, welche man
Heut kaum mehr überblicken kann.

Sex-
therapie
NLP
Psycho-
analyse
Gestalt
therapie
Verhal-
tenstheraa-
pie

Da ist etwa als Spitzenrenner
Der lang trainierte Seelenkenner
Der, individuumzentriert
An Freud als Meister orientiert,
In häufig hunderten von Stunden
Dem braven Analyse-Kunden
Die Wege weist aus Tiefenhemmung
Aus finstrer seelischer Verklemmung
Sodass nun auch die Partnerschaft
Sich füllt mit neuem Liebessaft.

Hm
Meine Frau ist so langweilig

Ganz anders sind <u>die</u> Therapien
Die derart die Register ziehn,
Dass je nach Frust und Eigenart
Ein Partnerspiel sich offenbart
Welches der Therapeut alsdann
Auf manche Weise stören kann:
Ein etwas fades Partnerspiel
Betrieben aber mit dem Ziel
Jedes konfliktgeborne Leiden
Bereits im Ansatz zu vermeiden.
Um so, solang man lebt auf Erden
Die Harmonie nicht zu gefährden
Wer solches Partnerspiel dann stört
Wird oftmals gar nicht gern gehört
Ja, zeigt sich als ein Therapeut
Der Salz auf offne Wunden streut.

Patt!
Patt!

Jedoch in vielen andren Fällen
Gibt's ja noch das Familienstellen
Bei dem durch räumliches Platzieren
Und lösungsträchtiges Probieren
Sogar in hoffnungslosen Fällen
Ein Lösungsweg sich kann erhellen.

Wobei, wenn Liebesglut verglimmt
Sich dies durch Fakten nun bestimmt
Welche, wie immer sie auch heißen
Auf die Vergangenheit verweisen
Auf Eltern etwa, die nichts spürten
Als sie ihr Kindlein delegierten
Ums Elternwohl besorgt zu sein,
Und keinen Partner je zu frein.
Der im Vergleich der Liebesbanden
Jene der Eltern macht zuschanden
Sodass man, solcherart getrieben
Den Partner nur verklemmt kann lieben.

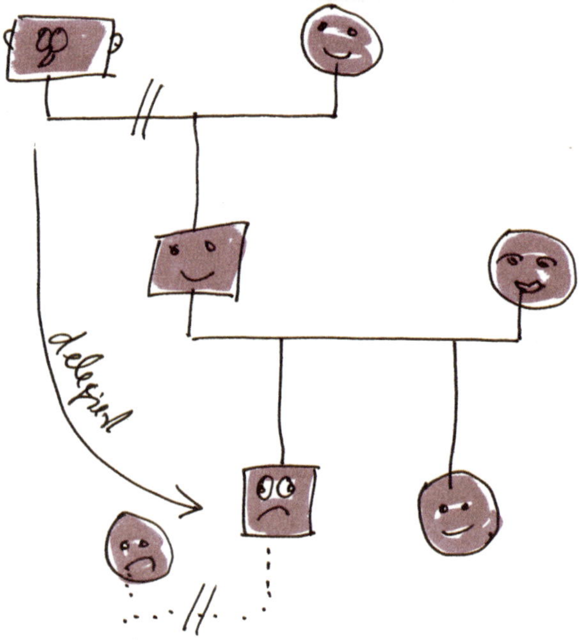
delegiert

Kurzum, da heut die Helfergilde
Derart Diverses führt im Schilde
– Ein rechtes Therapiegewusel –
Da braucht's schon eine Menge Dusel,
Um Pros und Cons auszutarieren
Und seinen Helfer sich zu küren.

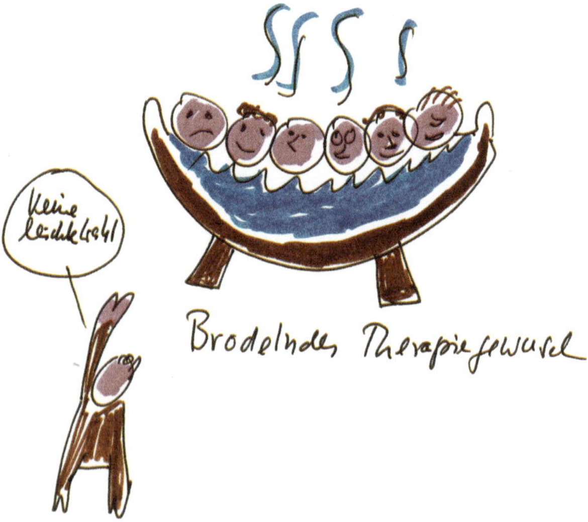
Brodelndes Therapiegewusel

Doch selbst wo solche Kür gelingt,
Dies nicht auch gleich die Lösung bringt
Für ein Dilemma, welches man
Nunmehr wie folgt beschreiben kann:

Paar-
Therapeut
Selbst ihm
zeigt sich ein
Dilemma

Partnergewöhnung hilft hienieden
Nun mal zu einem Seelenfrieden
Den man verstärkt zu brauchen meint
Wenn's in der Welt zu stürmen scheint
Wenn dort Komplexität sich häuft
In Info-Fluten man ersäuft
Wenn gängige Beziehungskisten
Ein immer kürzres Leben fristen
Und solcherart ein Beispiel geben
Das gar nicht taugt fürs eigne Leben
Sodass sich selbst Langweiligkeit
Schließlich als Partnertugend zeigt.
Als eine Tugend, welche man
Dann noch wie folgt begründen kann:

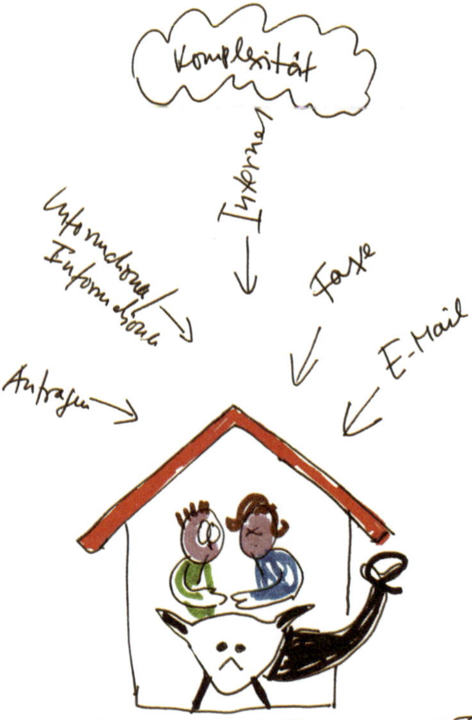

Langeweile als Freund und Tugend

Nicht nur vor Außenweltgefahren
Kann solch Gewöhntsein uns bewahren
Es schützt uns auch,
so scheint's, vor Zwängen
Die aus dem Innern uns bedrängen
Vor Trieben, die den Ausbruch suchen,
Mag sie die Sitte auch verfluchen
Und solches hat nicht selten nun
Mit Leidenschaft und Sex zu tun,
Oder, um mit Freud zu sprechen:
Das „Es" will alle Dämme brechen.

ES
ES

Denn schauen wir, wo noch vorhanden
Auf unsre tierischen Verwandten
Dann zeigt sich Sex nicht als Gekuschel
Als zärtlich liebendes Gefuschel
Sondern bezieht erst seinen Schwung
Vom Geiste der Eroberung
Ja roher Aggressivität
Die rücksichtslos zu Werke geht
So wenn ein Affenwüterich
Sein Weibchen brüsk zwingt unter sich.

Was Langweile nicht alles verhindert!

Solch triebdurchtränkte Szenerie
Bleibt zwar meist in der Phantasie
Bei Partnern, die, wenn sie auch stöhnten
Sich aneinander längst gewöhnten
Harmonisches Benehmen pflegten
Die Leidenschaft in Ketten legten
Und lernten, ohne groß zu klagen
Die Langeweile zu ertragen.

Wenn die Sonne lacht!

Ein harmonischer Ritt auf der Langeweile

Und doch: auch Phantasie kann ein
Hochwirksamer Anstoß sein
Um grade in Beziehungssachen
Nunmehr Gedanken sich zu machen,
Welche alsdann, bei Licht besehn
Uns zweifellos zu Herzen gehen.

Wie alles im
Leben hat
auch
Phantasie
ihren
Preis

So schleicht sich gar die Frage ein:
Soll das im Leben alles sein?
Soll's sein, dass man im Lebensrest
Die Tage lasch verfließen lässt
Dass man, gewohnheitlich verkettet
Höchstens noch mal nach Indien jettet
(Um dort an des Sai Babas Gaben
spirituell sich zu erlaben)
Ansonsten aber man verdrießt
Sich allem anderen verschließt
Und weiter macht – mit Hüh und Hott
Im eingeschliffnen Partnertrott?

Hab ich mich mit Antonine wirklich entwickelt?
Hab ich mich mit Anton wirklich entwickelt?

Und wahrlich, solche Art von Fragen
Kann schon ganz schön am Busen nagen
Da nun ja auch zu fragen ist
Was in der Ehe man vermisst.

Was man vermisst, ist nun der Schwung
Neuer Heraus-Forderung
Das ist, dass man als Paargespann
Kein neues Ufer sichten kann
Das ist, dass selbst, wenn's einen schüttelt
Im Unterleibe nichts mehr kribbelt
Und dass man halt nicht dann und wann
So auf die Pauke hauen kann
Dass jahrelang gestauter Frust
Sich löst in aggressiver Lust.
Und man, da nicht mehr eingeschnürt
Den selgen Hauch der Freiheit spürt.

Zwei, die den Hauch der Freiheit spüren

Was, wie Erfahrung zeigt, alsdann
Selbst der Gesundheit dienen kann:
Migräne wie auch Kummerspeck
Gehen früher oder später weg
Und auch die faden Rückenschmerzen
Nimmt man sich weniger zu Herzen
Kurzum, es stellt sich ein der Lohn
Bezogener Individuation
Den man jedoch so lang vermisst
Als lustlos man verklammert ist
Und man, wie gestern so auch heut
Bewegung und Entwicklung scheut.

Zwei, denen der Hauch der Freiheit Angst macht

Doch Vorsicht: Wie ein jeder weiß
Hat nun mal alles seinen Preis
Und das gilt auch bei Lebensschaltung
Auf zunehmende Selbstentfaltung
Denn dabei zeigt sich, ohne Frage
Eine riskante Ausgangslage.

Ich will mich entwickeln
Ich will mich entwickeln

Denn wenn schon einer sich mal traut
Und endlich auf die Pauke haut
Der andre allzu oft erbebt
Ja dies als Niedertracht erlebt
Und drum, da schmerzhaft aufgeschreckt
Nun seinerseits die Fäuste reckt,
Um ohne viel nach Recht zu fragen
Auf seinen Gegner einzuschlagen
Ist dies ein Resultat, das man
Nicht ohne weitres loben kann.

Wenn er jedoch, wie's oft geschieht
Jetzt tief verletzt zurück sich zieht
Um nun, mag es auch ewig dauern
Nur noch vertrotzt und stur zu mauern
Sodass von Paargemeinsamkeit
Nichts Nennenswertes übrig bleibt
Ist dieses ebenfalls am Ende
Keine begrüßenswerte Wende.

Drum lässt sich jetzt für sie und ihn
Vorläufig dieses Fazit ziehn:
Wenn – sei dies eigenmotiviert
Sei's therapeutisch induziert –
Ein Partner endlich sich mal regt
Entwickelnd sich nach vorn bewegt
Der andre aber stille hält
Ja gar aus allen Wolken fällt
Und's dann, insonderheit zur Nacht
Im Partnerschaftsgebälke kracht
Dann heißt dies: Partner seid bereit
Für Frust, für Risiko und Leid!

Ich bin doch nicht anders als sonst!
Ich bewege mich nach vorn!

Und dies ist nun der Fall, weil man
Nur Missliches noch sehen kann:
Lediglich liebloses Getriebe
Nur abschreckende Unterschiede
Beim Partner, der jetzt ebenfalls
Den anderen sich wünscht vom Hals
Wobei, wie die Erfahrung zeigt
Der Missmutpegel ständig steigt
Und man, weil zunehmend gestresst
Den Blick ins Weite schweifen lässt.

Partner lassen Blick ins Weite schweifen

Um ängstlich-neugierig zu sehn
Ob Ausbruchschancen nicht bestehn
Ja, ob nicht wer entgegenkommt
Der einem doch viel besser frommt
Als diese abgefeimte Ratte
Als die sich präsentiert der Gatte.
Wobei nun zweifelsohne man
Manch Angebot erblicken kann:

Angebote werden sichtbar

Von Forschern, die auf Konferenzen
Libidinös sich wolln ergänzen
Von Sportlern, die sich rüstig tummeln
Und gerne mal ein wenig fummeln
Von Hausfraun, die an laschen Tagen
'nen Seitensprung durchaus mal wagen
Von Menschen, deren Urlaubsglück
Fehlt noch der allerletzte Kick
Und manches mehr, um ganz zu schweigen
Von all den Partnersuchanzeigen
Die, ohne jemand zu genieren
Gazetten regelmäßig zieren.

Zwei beim Studium von Partnersuchanzeigen

Kurzum, es bröckeln die Barrieren
Die es gemeinhin uns verwehren
Andere Partner uns zu finden
Und diese uns auch anzubinden
Wobei nun, von der Näh besehn,
Spielräume durchaus bestehn.

Welche Spielräume habe ich wohl?
Welche Spielräume habe ich wohl?

Da ist zum Beispiel, wenn auch tricky,
Der so genannte Ausbruchsquickie
Der ohne Zweifel dann und wann
Ein Partnerproblem lösen kann
Jedoch zumeist, wenn's denn passiert
Die Sache weiter kompliziert.

Beeile Dich Mein Mann kommt in einer halben Stunde
Komme ja so schnell ich kann

Viel wünschenswerter scheint da ein
Partnersubstitut zu sein
Bei dem all das vorhanden ist
Was man am Partner grad vermisst:
So etwa einfühlsames Wesen
An dem die Seele kann genesen
So etwa frische Jugendkraft
Die aktiviert den eignen Saft

Die ideale Partnerin?
Der ideale Partner?

So etwa Eigenwilligkeit
Doch ohne jeden Hang zum Streit
So auch der wunderbare Schwung
Leicht zündender Begeisterung
Für all das, was man selber liebt
Und Leben rechten Tiefgang gibt
Doch ob man auch solch Wunschbild hege
Realität steht oft im Wege.
Zeigen sich doch in heutgen Zeiten
Bei Partnerschaftsbegehrlichkeiten
Oft typische Konstellationen
Denen Probleme innewohnen.

Zwei, die sich an der Realität
die Nasen blutig stossen

So zeigt sich der gestandne Mann
Der mancherlei vorweisen kann:
Er hat zwar, ob's ihn auch bedränge
Noch Weib und Kinder im Gehänge
Was ihn jedoch mitnichten hindert
Sein Charisma kaum merklich mindert
Geht's drum, stark und zugleich gelassen
In Frauenherzen Fuß zu fassen
Die jung und anbetungsbereit
Sind in der besten Liebeszeit.

Gestandener Mann

Stelln wir uns dazu Anton vor:
Als Musikus lauscht ihm ein Chor
Worin vorzüglich junge Fraun
Gebannt auf seinen Taktstock schaun
Und nun fast jede – welche Ehre!
Die Auserwählte gerne wäre.
Was schließlich einer auch gelingt
Und, wie sie meint, das Glück ihr bringt.

Wobei es dieses Glück kaum trübt
Dass es die Ehefrau noch gibt
Die von der neuen Zweisamkeit
Jedoch so abgespalten bleibt
Dass diese unser Paargespann
Nun keinesfalls mehr schrecken kann
Sucht solches erst mit Zukunftsblick
Sein Kinder- wie auch Eheglück.

Doch wenn sich auch,
so könnt man meinen
Die Wünsche zu ergänzen scheinen:
Hier väterliche Manneskraft
Dort jugendlicher Schwung und Saft
Scheint es uns itzo doch geboten
Gefahrenquellen auszuloten
Die sich indes erst offenbaren
Im Lauf von weitren Lebensjahren.

Zukunftsblick
leicht
getrübt

Wo nun allfällige Gebrechen
Die Manneskraft erheblich schwächen
Ja, der einst hochkarätge Mann
Nun derart reduziert sein kann
Dass er an der Geliebten Statt
Die Krankenschwester nötig hat
Wobei es nicht wahrscheinlich ist
Dass diese solchen Part genießt
Fühlt sie sich doch vor aller Welt
Um trautes Liebesglück geprellt.
Kurzum, solch ein Szenario
Macht keinen unsrer Partner froh.

Und das gilt auch, ist's Antonine
Welche verlässt die Eheschiene
Ja gilt auch, wenn nun sie es ist
Die länger nicht den Unmut frisst
Den, wie sie meint, ihr fader Mann
Ihr mehr denn je bereiten kann
Und drum, entschlossen im Gemüt
Den ehelichen Schluss-Strich zieht.

Ich ziehe den Schlußstrich!

Jedoch auch ihr, die reif an Jahren
Zeigen sich etliche Gefahren
Lässt sie erst ihren durchaus reifen
Blick auf das Männervolk nun streifen
Welches, anscheinend unbeweibt
Um sie herum sein Wesen treibt.
Denn da wär manche Nuss zu knacken
Zeigt sich fast jeder doch mit Macken.

Antoine blickt
auf das
Männervolk

Da ist etwa – im Kopfe helle
Kurt, der charmante Junggeselle
Den aber, es ist schwer zu fassen
Frauenreize kühl nur lassen
Den's nicht zum weiblichen Geblüt
Vielmehr ins traute Wirtshaus zieht
Wo er nachts im Kumpanenkreise
Auf die nur ihm gemäße Weise
Mit dort kursierenden Gedanken
Sowie mit Bier sich voll kann tanken.

Die erste Rose für Dich, lieber Kurt
Hab leider eine dringende Verabredung
Wirtshaus zum Bären

Dann wäre da der Banker Held
Der ihr zwar ausnehmend gefällt
Doch hat er so unter dem Strich
Bereits vier Ehen hinter sich
Was Antonine leicht gestresst
In seiner Nähe zittern lässt.

Wallstreet
journal

Natürlich wäre da noch Jochen
Den sie so gerne würd bekochen
Könnt sie ihm nur das Wasser reichen
Und seiner Mutter sich vergleichen
Die seine Seelennahrung ist,
Die er tagein – tagaus vermisst.
Und auch von andern Kandidaten
Wäre ihr eher abzuraten
Weil doch, selbst wenn die Liebe geigt
Sich unvermerkt ein Manko zeigt.

Da kann ich nicht mithalten
Liebes Jochen: Hier noch ein frischer Kuchen

Kurzum, lässt sie den Blick auch schweifen
Sie findet schwer den Silberstreifen
Der selbst bei vielem guten Willen
Das leere Liebesnest könnt füllen.

Heißt das, dass sie im Partnerzwist
Letztlich die Angeschmierte ist?

Kein Silberstreifen am Männerhorizont!

Vielleicht! Doch aus bekannten Gründen
Ist hier die Antwort schwer zu finden

Drum kehrn wir, mit geschärftem Blick
Noch mal zum Ausgangspunkt zurück:
Zur Frage, wie bei lascher Lust
Bei Langeweil und Klammerfrust
Noch Chancen können sich ergeben
Als Paar Entwicklung zu erleben,
Die, obzwar manches man vermisst
Doch nicht von schlechten Eltern ist.

Das Herz blutet nicht mehr!

Wozu nun zwar die Forschung lehrt
Dass manches hier den Weg erschwert.
Doch manches, ganz im Gegenteil
Nun fördert auch das Seelenheil
Und selbst bei ausgebufften Recken
Noch Liebesfreuden kann erwecken
Und grade bei gereiften Schönen
Die Liebesglocken lässt ertönen

So dass man letztlich sagen kann:
Die Chancen gibt es, packt's nur an!

Über den Autor

Helm Stierlin, Prof. em. Dr. med. et phil., geb. 1926 in Mannheim, arbeitete zwischen 1955 und 1974 an verschiedenen psychiatrischen Kliniken und Forschungsinstituten, vor allem in den USA, wo er zum Psychoanalytiker ausgebildet wurde. Dazwischen nahm er Professuren und Gastdozenturen an verschiedenen amerikanischen Universitäten sowie in Neuseeland und Australien wahr.

Von 1974 bis 1991 war er Ärztlicher Direktor der Abteilung für Psychoanalytische Grundlagenforschung und Familientherapie der Universität Heidelberg; Forschungs- und Arbeitsschwerpunkte: psychotische und psychosomatische Störungen, der Ablösungsprozess der Adoleszenz, systemische Familientherapie, psychohistorische Studien. 1985 erhielt er den renommierten *Distinguished Professional Contribution to Family Therapy Award* der American Association for Marriage and Family Therapy.

Helm Stierlin war Mitbegründer und bis 1995 Mitherausgeber der Zeitschrift „Familiendynamik". Daneben veröffentlichte er über 280 wissenschaftliche Arbeiten und dreizehn Bücher, die in zwölf Sprachen übersetzt wurden, darunter „Von der Psychoanalyse zur Familientherapie", „Das Tun des einen ist das Tun des anderen", „Nietzsche, Hölderlin und das Verrückte", „Ich und die anderen", „Haltsuche in Haltlosigkeit", „Krebsrisiken – Überlebenschancen" und „Christsein 100 Jahre nach Nietzsche".

Ob sich das Herz
zum Herzen findet

Helm Stierlin

Ob sich das Herz zum Herzen findet

Ein systemisches Paarbrevier in Versen und Bildern

116 Seiten
53 Farbzeichnungen
Kt, 2001
ISBN 3-89670-199-1

In diesem charmanten Buch betreibt der international angesehene Heidelberger Familientherapeut Prof. Dr. Helm Stierlin „fröhliche" Wissenschaft. In bunten Bildern und munteren Versen begleitet er Anton und Antonine auf ihrem Lebensweg als Paar: „Vorbei an der Gefahren Klippen // Hin zu ersehnten Partnerlippen". Der Autor und Zeichner Helm Stierlin vermittelt so auf amüsante Weise ein systemisches Verständnis des Paarseins, das Wesentliches anschaulich macht, ohne jedoch die Komplexität des Themas zu vernachlässigen.

Ein wunderbares Geschenkbuch für alle, die sich finden und binden wollen oder schon gefunden und gebunden haben.

Carl-Auer-Systeme Verlag